# SÁBADOS EN EL MONASTERIO

4

## MANUALES DE ORACIÓN

PPC

**Equipo de redacción**
Santiago Alonso Oliva, Mercedes Arias Puente, Isabel Carretero
Gimeno, Victoria Esteban Cid, Elena María Lamana Cónsola,
Teresa Lasuén Esparza, Marisol Latorre Pellicero, Ana María
Martín Aldea, María Dolores Ros de la Iglesia

**Fotografías**
123RF; iStock; Shutterstock; Thinkstock;
Canonesas del Santo Sepulcro

© 2024, Canonesas del Santo Sepulcro

© 2024, PPC, Editorial y Distribuidora, S.A.
  Parque Empresarial Prado del Espino
  Impresores, 2
  28660 Boadilla del Monte (Madrid)
  ppcedit@ppc-editorial.com
  www.ppc-editorial.es

ISBN: 978-84-288-4186-3

Depósito legal: M -16295-2024

Impreso en la UE / *Printed in EU*

# Presentación

## Orar en clave de personalización

> "Llegamos a ser plenamente humanos
> cuando somos más que humanos,
> cuando le permitimos a Dios que nos lleve
> más allá de nosotros mismos para alcanzar
> nuestro ser más verdadero".

(FRANCISCO, Exhortación apostólica *Evangelii gaudium 8*).

La oración es una dimensión esencial en todas las tradiciones religiosas. Hoy es cada vez más reconocida en la construcción de la identidad personal. Y podemos observar que desde el momento en que el ser humano cree, ora; y donde cesa la oración, se apaga la fe.

Esta propuesta de oración combina tres dimensiones de la vida cristiana:

› Escuchar la Palabra. La relación con Dios nace y se nutre de su iniciativa, de la historia de amor que Él quiere hacer con nosotros.

› Vivir con Dios toda la realidad. El amor de Dios se derrama en nosotros para poner en marcha su Reino.

› En un proceso de conversión que se traduce en un itinerario espiritual que puede ser vivido por todo cristiano.

En una cultura en la que prevalece la *experiencia subjetiva* surge cada vez con más fuerza la *búsqueda de la dimensión trascendente o espiritual*, paradójicamente en un contexto de *creciente secularización*. En un mundo plural como el nuestro en el que aparecen grupos con una oferta diversificada de cultivo de la interioridad, nosotros ofrecemos un espacio de oración cristiana en clave de personalización.

Esta propuesta de itinerario espiritual está inspirada en el libro *Camino de transformación personal*[*]. Desde hace algunos años, un equipo animamos esta experiencia que llamamos *Sábados en el Monasterio*, en un precioso monasterio mudéjar del centro de la ciudad de Zaragoza.

En las páginas siguientes se explican las líneas de fuerza y la pedagogía que acompaña esta experiencia de oración que ahora, con su publicación, ofrecemos a toda persona que busca, que necesita espacios de silencio y pistas que le faciliten el encuentro con el Dios de Jesucristo.

---

[*] J. GARRIDO, *Camino de transformación personal*, San Pablo, 2019. Este modelo de "Personalización de la fe" está desarrollado en los siguientes libros: *Evangelización y espiritualidad. El modelo de la personalización*, Sal Terrae 2009; *Pedagogía de la afectividad cristiana*, San Pablo 2017; *El amor que hace razonable la fe*, Sal Terrae 2018; *Introducción a la fe cristiana*, Verbo Divino 2019.

Con el entusiasmo y la alegría que hemos experimentado en nosotros, presentamos este material de oración con la certeza de que ofrecemos un tesoro.

> "Urge recobrar un espíritu contemplativo, que nos permita redescubrir cada día que somos depositarios de un bien que humaniza, que ayuda a llevar una vida nueva."
> (*Evangelii gaudium* 264)

El Equipo de *Sábados en el monasterio*

Ana e Isabel (Canonesas del Santo Sepulcro),
Mercedes, Marisol, Elena, Teresa, Victoria y Lola (laicas),
Santiago (sacerdote)

# Pedagogía para el uso de los cuadernos

Cada cuaderno de nueve oraciones (los nueve meses de un curso) sigue una pedagogía común. Puede ser utilizado tanto para encuentros comunitarios como para uso personal y también como contenido de un retiro, o como oración que acompaña a los grupos que trabajan la personalización de la fe.

Cada oración tiene los siguientes momentos:

 Oración inicial

La preparación a la oración puede hacerse con una música, canto, salmo..., para ponernos en la presencia de Dios. Se crea así el clima de silencio, tanto personal como comunitario, que nos capacita para la escucha.

 Pistas para la meditación con la Palabra de Dios

El centro es siempre la Palabra de Dios. Meditar significa dejar que el texto resuene en nuestro centro/corazón de manera que recibamos una luz que renueve la existencia. No se trata de buscar explicaciones. Cada oración parte de muy pocos textos bíblicos para que sea ocasión de escucha y contemplación.

Buscamos que la experiencia bíblica que se ofrece en el pasaje conecte con nuestra vida personal. Para ello, los textos van acompañados de pequeños comentarios sugerentes que enlazan con la propia existencia. Este momento de la oración está pensado para unas dos horas de meditación personal.

 Oración final

Es el momento de recoger lo vivido en el tiempo de meditación, expresándolo a través de múltiples maneras: gestos, símbolos, oraciones, danza, canto, imágenes... Es importante y sugerente la ambientación en caso de oración comunitaria.

 Pistas para el discernimiento

La oración está directamente unida a la conversión, es decir, a un proceso de transformación interior que cada persona puede realmente experimentar. Las pistas de discernimiento que acompañan a cada tema no forman parte del momento de la oración, sino que tratan de iluminar el camino que cada persona está recorriendo y sugieren la posibilidad de buscar algún tipo de acompañamiento.

# 1

# Todos amados de Dios

Vivimos en un mundo cada vez más lleno
de riquezas, de matices, de mezclas...

Las otras religiones están presentes ya en nuestras
calles. Creyentes honrados e íntegros de religiones
muy dignas y honorables: judíos, musulmanes,
budistas, confucianos...

No podemos hacer como si no estuviesen ahí.
Nos llaman la atención tanto los parecidos
como también las diferencias. No parecen peores
que nosotros, ni siquiera parecen menos piadosos
que nosotros, ni viven con menos esperanza,
ni son menos solidarios. ¿No estará Dios también
con ellos? ¿Y no serán relativas muchas cosas
que hemos absolutizado los cristianos?
Un gran desafío, que puede ser una gran gracia.

# Oración inicial

## Canto: En el altar del mundo

En el altar del mundo toda la vida está:
las penas y los gozos, las esperanzas,
la humanidad. (bis)

En el altar del mundo toda tu vida está:
tu vida que es de todos
y para toda la humanidad. (bis)

En el altar del mundo
la mesa es de hermandad:
todos somos amados por lo que somos:
¡Humanidad! (bis)

CARMEN CAÑADA ,
"En el altar del mundo",
en *Dentro*, (CD), Monte Carmelo.

## Sugerencias para la ambientación

- Si estamos en oración comunitaria, los dos primeros textos los pueden leer dos personas, y la plegaria eucarística se puede hacer entre todos, a dos coros.

## Los deberes de los corazones
## (Jovot halevavot)

El primer paso es darnos cuenta
de que Dios nos ama con un amor sin límites.

La cosa más cercana a la que podemos comparar
esto es el amor que siente un padre por sus hijos.

Dios es nuestro Padre en el cielo.

Su amor hacia nosotros excede todo el amor
de este mundo.

Tener conciencia de Dios es vivir sabiendo esto.

Muy en nuestro interior sabemos que Dios nos ama.

Rabenu Bejaie de Zaragoza<br>(Rabino judío español, siglo XIII).

## El amor es mi credo

Mi corazón se ha vuelto capaz de cualquier forma.

Es un prado para las gacelas y es un convento
para los cristianos.

Es un templo de ídolos y es la Ka'ba del peregrino.

Es la ley de la Torá y es el Corán.

El amor es mi credo: dondequiera
vayan sus camellos el amor es mi credo y mi fe.

Ibn el Arabi de Murcia<br>(Poeta sufí español, 1165-1240)

## Plegaria eucarística IV

I-Te alabamos, Padre santo,
porque eres grande y porque hiciste todas las cosas
con sabiduría y amor.

II-A imagen tuya creaste al hombre
y le encomendaste el universo entero,
para que, sirviéndote solo a ti, su Creador,
dominara todo lo creado.

I-Y cuando por desobediencia perdió tu amistad,
no lo abandonaste al poder de la muerte, sino que,

compadecido, tendiste la mano a todos,
para que te encuentre el que te busca.

II-Reiteraste, además, tu alianza a los hombres;
por los profetas los fuiste llevando
con la esperanza de salvación.

I-Y tanto amaste al mundo, Padre santo, que,
al cumplirse la plenitud de los tiempos,
nos enviaste como salvador a tu único Hijo.

II-Él se encarnó por obra del Espíritu Santo,
nació de María, la Virgen, y así compartió
en toda nuestra condición humana
menos en el pecado.

I-Anunció la salvación a los pobres,
la liberación a los oprimidos
y a los afligidos el consuelo.

II-Para cumplir tus designios,
él mismo se entregó a la muerte,
y, resucitando, destruyó la muerte
y nos dio nueva vida.

I-Y a fin de que no vivamos ya
para nosotros mismos, sino para él,
que por nosotros murió y resucitó,
envió, Padre, al Espíritu Santo como primicia
para los creyentes, a fin de santificar
todas las cosas,llevando a plenitud
su obra en el mundo.

Ritual de la eucaristía

Hacemos un momento de silencio orante. Iniciamos la
oración personal.

## Pistas para la oración

¡Qué maravilla ser sus criaturas, a su imagen y semejanza! ¡Dignidad inviolable de la persona humana en la que Dios se complace! Realmente nada del universo se merece nuestro corazón. Solo Dios.

 **Génesis 1,24-31**

La sencillez del relato de la creación no deja de maravillarnos ante la riqueza de todo lo surgido de la mano y la Palabra de Dios. Todo lo que había hecho era muy bueno.

 **Salmo 8**

El salmista canta la alabanza al Padre, maravillado por la inmensidad de lo creado y la dignidad del ser humano, a quien da el mando sobre sus obras.

 **Juan 4,7-13**

Nos sigue sorprendiendo el texto de la samaritana, donde Jesús se da a conocer y abre horizontes nuevos a cualquiera que tenga capacidad de reconocer su "sed" de más.

Los cristianos estamos en camino, como todos
los demás: judíos, musulmanes, budistas,
confucianos. Caminamos proponiendo nuestra
fe y aprendiendo de la de los otros. Caminamos
reconociendo que también a otros se les revela Dios,
les salva Dios, les llama Dios a transformar
este mundo en eso que Jesús llamó el reino.
Caminamos en solidaridad de acción, en diálogo
de fe, en comunión de esperanza hacia el mundo
nuevo donde "Dios será todo en todas las cosas",
donde todos seremos hijos del mismo Padre
y hermanos sin barreras.

## Oración final

### Sugerencias para la ambientación

- Si estamos en oración comunitaria, los dos primeros textos los pueden leer dos personas, y la plegaria eucarística se puede hacer entre todos, a dos coros.

#### Canto: Con amor eterno

Con amor eterno te he amado.
Con amor eterno te amo.
Con amor eterno te amaré.
¡Con amor eterno!

C. PULPÓN, "Con amor eterno te amo",
en *Dentro*, (CD), Monte Carmelo.

Dios se acerca a mí, me elige, me ama como soy. Dios se da a conocer, se hace presente en nuestra propia historia.

## Ámame tal como eres

Conozco tu miseria, las luchas y tribulaciones
de tu alma, la debilidad y las dolencias
de tu cuerpo; conozco tu cobardía, tus pecados
y tus flaquezas; y a pesar de todo te digo:

"Dame tu corazón. Ámame tal como eres".

Si para darme tu corazón esperas a ser un ángel,
nunca llegarás a amarme.

Aun cuando caigas de nuevo muchas veces
en esas faltas que quisieras no cometer jamás,
y seas un cobarde para practicar la virtud,
no te consiento que me dejes de amar.

Ámame tal como eres.

Ámame en todo momento, cualquiera que sea
la situación en que te encuentres:
de fervor o sequedad, de fidelidad o traición.

Ámame tal como eres.

Quiero el amor de tu corazón indigente.

Si esperas a ser perfecto para amarme,
nunca me llegarás a amar...

Déjame amarte. Quiero tu corazón.
En mis planes está moldearte.

Pero mientras eso llega, te amo tal como eres. Y
quiero que tú hagas lo mismo: deseo ver tu corazón
que se levanta desde lo profundo de tu miseria.

Amo en ti incluso tu debilidad.

Me gusta el amor de los pobres.

Quiero que desde tu corazón se levante
incesantemente este grito: ¡Te amo, Señor!

Recuerda: Lo que me importa
es el canto de tu corazón.

Charles de Foucauld

Terminamos agradecidos este tiempo de oración con
una canción:

### Canto: El agua no tiene color

Ya no hay raza, ya no hay color,
solo hay trigo, solo hay amor
y el mismo sol que vemos tú y yo
es de todo y es de Dios.

Todos comemos del mismo pan,
todos buscamos a Dios;
todos bebemos en un manantial,
y el agua no tiene color.

Cuando el sol se asoma en el mar,
cuando el hombre empieza a sembrar,

te miro a ti, me miras tú a mí,
y bebemos libertad.

Cuando un hombre se ve morir y,
en su angustia, te busca a ti acéptalo,
no importa su color:
dale tu amistad.

MOCEDADES, "El agua no tiene color",
en *Pange Lingua*, Zafiro, (1969).

## Pistas para el discernimiento

Para entablar un diálogo con personas que
profesan otras religiones es necesario liberarse
de superioridades de cualquier tipo, pero también
de complejos, de monopolios exclusivistas
y también de relativismos de indiferencia.

1. Solo se dialoga desde la fe. El cristiano confiesa
   a Jesús como manifestación y comunicación plena
   y definitiva de Dios, aunque todavía no totalmente
   realizada. Y la primera condición para que haya
   un verdadero diálogo por parte cristiana es que
   haya un cristiano con identidad propia.
   No se dialoga mejor cuanto menos convencidos
   estén los interlocutores de sus creencias, o cuanto
   más diluida y vaga sea su identidad. El cristiano
   no se entiende mejor con judíos, musulmanes,
   budistas..., poniendo entre paréntesis su adhesión
   de mente y corazón a Jesús, o dejando de lado
   su confesión de Dios como misterio de comunión
   trinitaria, o su esperanza comprometida del reino.
   Más bien al contrario. Solo se dialoga de verdad
   desde la fe. Pues la confesión misma es la que
   nos abre y nos capacita más para el diálogo y la
   comunión. Si no ahondamos en nuestra propia fe, o
   bien "todo nos dará lo mismo" o bien seremos unos
   intolerantes peligrosos. De manera que cuanto más
   cristianos seamos, menos nos creeremos superiores
   a nadie y más respetaremos al otro habitado por el

misterio de Dios, el otro a quien Dios ama, habla, llama por caminos que le son desconocidos.

2. Dar y recibir, enseñar y aprender. El cristiano ha dialogado siempre convencido de su superioridad ante los demás. ¿Pero era la fe la que le llevaba a ese sentimiento de superioridad? Es muy discutible. El cristiano que "dialogaba" resultaba ser casi siempre un europeo persuadido de su superioridad económica y cultural sobre los demás.

Lo nuevo de la situación actual de pluralismo religioso es que el cristiano se siente llamado a dialogar en pie de igualdad. ¿Puede dialogarse realmente de otra forma? "En pie de igualdad" no significa que todo es igual, si no que el cristiano no se siente superior, ni pretende poseer a Cristo en exclusiva, ni presume de saberlo todo sobre Dios. También los cristianos tenemos que aprender de los no cristianos algo que ignoramos y recibir de ellos algo de lo que carecemos.

¿Qué aprendemos y qué recibimos de los no cristianos? A Cristo mismo, al Espíritu de Dios, al Dios mismo. Lo que consideramos más nuestro, eso mismo nos sobrepasa siempre y lo recibimos de otros como regalo inesperado.

¿Quiere esto decir que no tenemos nada que ofrecer? Al contrario. Solo podemos recibir del otro, e incluso recibirnos del otro ofreciéndole lo más nuestro. Y lo más nuestro es el mensaje y la persona misma de Jesús, que se resumen en aquellas palabras con las que empezó su ministerio: "El reino de Dios está llegando a vosotros" (Mc 1,15). Dios y reino, Dios como Abbá (¡papá!) de ternura y comunión, reino como filiación y fraternidad universal, como justicia y paz universal. Interpelamos al otro sobre su fe, su imagen de Dios y del hombre y del mundo, sus motivos para la esperanza, su lucha por la justicia. Pero sobre todo ello igualmente nos dejamos interpelar por él.

3. Del diálogo a la praxis. ¿No estamos demasiado habituados a juzgar la religión y las religiones por las creencias, las ideas? En el encuentro y en el diálogo con los no cristianos, ¿no prevalece demasiado el aspecto teórico? Ahora bien, no es más verdadera una religión por poseer creencias más verdaderas, sino por ser camino más efectivo para humanizar al hombre desde la confianza en Dios, en fraternidad y libertad, en justicia y paz. Solo Dios sabe cómo le habla y le llama a cada persona y a cada pueblo y cómo cada uno le responde. A nosotros nos toca seguir nuestro propio camino, interpelando y dejándonos interpelar por el otro. Y no importa tanto el ponerse de acuerdo como el ayudarse a caminar.

## Para profundizar

- Si en alguna ocasión te encuentras con alguna persona de otra religión, ¿cómo te sientes espontáneamente ante ella? ¿Sientes inseguridad en tu fe o te colocas en la actitud defensivo-agresiva o en apertura acogedora?

- ¿Te parece que tu manera de situarte ante el creyente de otras religiones es similar a tu manera de situarte en general ante el que piensa o vive de manera distinta a la tuya? Trata de mirarte en concreto.

- ¿Con cuál de estas frases te identificas de primeras?: "En el fondo es igual ser cristiano o musulmán o budista", "Solo el cristianismo es la verdadera religión", "Solo junto con las otras puede el cristianismo ser verdadera religión".

# Mi proceso espiritual

# 2

# ¿Quién es Dios para mí?

Intentaremos descubrir cómo la Palabra de Dios es la fuente inagotable en la que encontramos su verdadero rostro.

Como creyente, Dios ha estado presente en tu historia. Pero ¿qué Dios? ¿Es el Dios vivo y verdadero del que nos habla la Palabra? ¿O un dios a tu medida?

Vamos a meditar la Palabra para dejar que nos muestre quién es Dios en realidad y vamos a discernir si la imagen que cada uno de nosotros tenemos de Dios se acerca a lo que la Biblia nos revela.

## Oración inicial

Comenzaremos escuchando el Himno a la Trinidad, para ponernos en la presencia de este Dios vida, esperanza y amor, y recitaremos el salmo que introduce cada mañana la oración del pueblo de Dios.

Fijémonos en cómo nos muestra la realidad viviente de Dios, al que se le aclama con palmas y vítores, se le celebra como Señor del universo... Y al mismo Dios se le escucha como voz que llama a vivir en su presencia, según su voluntad.

### Canto: Himno a la Trinidad

Canta y alaba al Señor,
Él nos ha dicho su nombre,
Padre y Señor para el hombre,
vida, esperanza y amor. (bis)

Canta y alaba al Señor,
Hijo del Padre hecho hombre,
Cristo Señor es su nombre,
vida, esperanza y amor. (bis)

Canta y alaba al Señor,
Divino Don para el hombre,
Santo Espíritu es su nombre,
vida, esperanza y amor. (bis)

Canta y alaba al Señor,
Él es fiel y nos llama,
Él nos espera y nos ama,
vida, esperanza y amor. (bis)

P. CRISTÓBAL FONES, sj, "Himno a la Trinidad",
en *La Mesa de todos,* (CD).

## Sugerencias para la ambientación

- En caso de ser oración comunitaria, lo recitamos a dos coros.

Entremos a la presencia del Señor dándole gracias.

### Salmo 95 (94)

Venid, aclamemos al Señor,
demos vítores a la roca que nos salva;
entremos a su presencia dándole gracias,
aclamándolo con cantos.

Porque el Señor es un Dios grande,
soberano de todos los dioses:
tiene en su mano las simas de la tierra,
son suyas las cumbres de los montes;
suyo es el mar, porque Él lo hizo,
la tierra firme que modelaron sus manos.

Venid, postrémonos por tierra,
bendiciendo al Señor, creador nuestro.
Porque Él es nuestro Dios,
y nosotros su pueblo, el rebaño que Él guía.

Ojalá escuchéis hoy su voz:
"No endurezcáis el corazón como en Meribá,
como el día de Masá en el desierto;
cuando vuestros padres me pusieron a prueba
y dudaron de mí, aunque habían visto mis obras.

Durante cuarenta años
aquella generación me repugnó,
y dije: Es un pueblo de corazón extraviado,

que no reconoce mi camino;
por eso he jurado en mi cólera
que no entrarán en mi descanso".

Gloria al Padre, y al Hijo, y al Espíritu Santo.
Como era en el principio, ahora y siempre,
por los siglos de los siglos. Amén.


Entremos a la presencia del Señor dándole gracias.

Repite en tu interior las resonancias sobre la imagen de Dios que te sugieren la canción y el salmo, y ruega que te muestre su rostro.

## Pistas para la oración

Meditamos la Palabra para dejar que nos muestre quién es Dios en realidad y discernimos si la imagen que cada uno de nosotros tenemos de Dios se acerca a lo que la Biblia nos revela.

Es normal que sintamos la desproporción entre la imagen del Dios de la Revelación y la propia experiencia vivida. Esto no nos tiene que llevar al desánimo de lo que nos sobrepasa, sino que hemos de agradecer que la Palabra se nos ha dado para que contemplemos en ella el verdadero rostro de Dios.

Cuando pensemos en la imagen que tenemos de Dios, hemos de darnos cuenta de que esta depende de la historia que hemos tenido con Él.

Expresa con una frase corta quién es Dios para ti. ¿Expresa una relación de autoridad, de temor, de amistad, de rivalidad, de amor? ¿Tiene que ver con tu historia afectiva? Mi imagen vivida de Dios, ¿ha ido acercándose progresivamente al Dios de la Biblia?

## Éxodo 3,1-15

Dios atrae y descalza, a un tiempo. Presencia en fuego y Alguien que me llama por mi nombre. Sentimos vértigo ante su presencia y ante lo que nos propone. Por eso sabemos que no es obra de nuestros deseos infantiles, porque a la vez que nos envía al corazón del mundo nos fundamenta en su Palabra. Hay que estar dispuestos a lo imprevisible, a iniciar una nueva vida. La vida cambia cuando, al fin, lo conoces como Alguien absoluto: "Yo soy el que veréis quién soy".

## Salmo 33 (32)

¿De dónde brota la alegría y la necesidad de alabar a Dios? Dios es grande y cercano a la vez. No es una idea, sino Alguien muy real, realmente experimentado en situaciones concretas.

Las situaciones son las propias de los pobres y los humildes, de los que se apoyan en Dios, no en sí mismos. Este Dios no inhibe, no separa de la vida. Al contrario, promociona, libera, dignifica.

Toma en serio la ética, la responsabilidad por la justicia y la paz. No es indiferente a nuestro comportamiento. Pero a la vez no es un Dios del orden, de hijos sumisos, sin iniciativa.

El salmista habla de Dios con expresiones que significan luz, vida, plenitud, paz, salvación. Ha

comprobado que Dios es así porque
lo ha experimentado en su historia.

El tema de fondo: Dios es fiel.

 **Mateo 4,1-11**

¿Quién es Dios para Jesús? El Único, ante quien
ayuna, vacío de todo otro proyecto que no sea estar
disponible: "Señor, ¿qué quieres que haga?". El Dios
que conduce al desierto, a la situación de prueba,
para que pueda comprobar que "no solo de pan
vive el hombre". El Dios digno de fe por encima
de todo signo humanamente verificable. El Señor.
En adorarle encuentra Jesús la fuente y el sentido
de su existencia.

## Oración final

### Sugerencias para la ambientación

- Una biblia abierta, una vela, una imagen o un icono sugerente con el tema de quién es Dios.

### Canto: Para alabarte nací

Para alabarte nací,
nací de tus manos,
tu amor me ha creado
para cantarte por siempre.
Mi fin es amarte, por eso te canto,
te alabo, Señor, Padre Creador.

Para buscarte nací,
nací de tu aliento,
que vida dio al barro,
para adorarte por siempre.
Mi fin es amarte, por eso te canto, te alabo,
Señor, Dios Consolador.

Para seguirte nací,
nací de tu entrega,
que vida dio al mundo,
para anunciarte por siempre.
Mi fin es amarte, por eso te canto,
te alabo, Señor, Cristo Salvador.

MARÍA JOSÉ BRAVO, "Para alabarte nací",
en *En tus manos*, (CD).

Misterio que nos sobrecoge. ¿Quién es Dios para mí?

Sin duda, este tiempo de oración nos ha ayudado a darnos cuenta de cómo nos sobrepasa tan solo el intentar imaginar el infinito de ese amor, la misericordia que puede caber en sus brazos, o lo profundo de esa mirada de Padre y Madre que nos contempla, nos cuida, nos protege y guía.

> ### Gesto
>
> • Meditamos la letra de la canción unos minutos y oramos con la respuesta a la pregunta que nos preside hoy: "Quién es Dios para mí", y si creemos que nuestra imagen de Dios ha ido cambiando a lo largo de nuestra vida.

En una oración compartida, podemos expresarlo en voz alta.

Terminamos la oración con un Gloria.

# Pistas para el discernimiento

## Nuestra imagen de Dios

No hablamos de la imagen aprendida por información (catecismo, colegio), sino de la vivida, de la que pertenece a la relación afectiva. Es frecuente encontrarse con creyentes que dicen que Dios es bueno; pero su relación con Dios, a nivel emocional, está caracterizada por el miedo.

Esta imagen depende de la historia que se tiene con Dios.

1. Imagen del Dios mágico. Dios es un poder impersonal, del cual se puede disponer, o cuya amenaza se puede controlar mediante determinadas acciones: ciertos rezos, encender velas, comulgar determinados días...

2. Imagen del Dios abuelo. Dios pertenece al mundo de mis deseos sin conflicto. Algo aparte, que no tiene que ver con mis responsabilidades, que nunca juzga. Una especie de "seguro afectivo".

3. Dios es un padre castrante. Siempre anda vigilándonos, para cogernos en falta. Hagas lo que hagas, nunca está satisfecho. Rival de tu autonomía, de que te lo pases bien, del placer; lo suyo es exigir. Lo más amenazante es su juicio.

4. Dios es como un padre adulto. Su amor es incondicional, y quiere que seamos autónomos. Nos acompaña con su presencia, dándonos fuerza y ánimo; pero no salva, no interviene, no condena...

La mayoría de los creyentes no pasan de esta imagen de Dios, un Dios hecho a la medida de nuestro proceso de madurez psicológica. Suelen utilizar la Biblia en función de la imagen que ya tienen previamente de Dios. Si necesitan que Dios sea abuelo, suprimen los textos en que Dios tiene autoridad. Si se imaginan que Dios es un juez implacable, no saben qué hacer con los textos en que Dios se revela como amor gratuito.

La relación con Dios se alimenta, ciertamente, de las experiencias humanas. Según la imagen vivida con nuestros padres, así solemos relacionarnos con Dios. Pero la madurez de la fe depende de la capacidad de relacionarnos con el Dios real, tal como Él se ha revelado. La Biblia expresa esta revelación de la realidad de Dios.

- ¿Te sientes especialmente retratado por alguna de estas imágenes?
- ¿Cómo ha ido cambiando tu imagen de Dios desde niño, niña hasta ahora? ¿Tiene que ver con tu proceso de maduración afectiva?

Si este tema de la imagen de Dios no tiene ninguna resonancia vivencial en ti, ¿a qué lo atribuyes? Reflexiona sobre tu mundo afectivo con Dios. Tal vez no ha existido, o tal vez ha estado bloqueado por alguna razón.

# Mi proceso espiritual

# 3

## La Palabra acampó
## entre nosotros

Y la Palabra acampó entre nosotros.

No habitó, ni residió, ni se instaló a vivir en un lugar de seguridades, en un refugio que diera calor.

**Acampó.**

En la provisionalidad. Como algo frágil, cambiante, sin cimientos asentados.

La propia María tuvo que enfrentarse a eso, al tener que dar a luz, no en el lugar donde ella ya tenía preparado todo su ajuar para el Niño y había hablado con la comadrona del pueblo, donde estaban su familia y amigas para acompañarla.

Le tocó "acampar", en un lugar no elegido. Le tocó soltar sus seguridades y atreverse a ponerse una vez más, en manos de Dios.

# Oración inicial

## Canto: Se hizo humanidad

La Palabra se hizo humanidad
y acampó en la tierra de los hombres.

Desde entonces, todo ser humano
lleva dentro la semilla del amor.

¡La Palabra se hizo humanidad! (3 veces)

CARMEN CAÑADA, "Se hizo humanidad",
en *Armonía y plegaría*, (CD, vol. 3),
Monte Carmelo (2005).

## Salmo 45 (44)

Me brota del corazón un poema bello, recito mis versos
a un rey: mi lengua es ágil pluma de escribano.
Eres el más bello de los hombres, en tus labios
se derrama la gracia, el Señor te bendice eternamente.

**R.** Mira a Jesús, tu rey, hermoso y valiente.

Cíñete al flanco la espada, valiente: es tu gala y tu orgullo;
cabalga victorioso, por la verdad y la justicia, tu diestra
te enseñe a realizar proezas. Tus flechas son agudas,
los pueblos se te rinden, se acobardan los enemigos del rey.

**R.** Mira a Jesús, tu rey, hermoso y valiente.

Tu trono, oh, Dios, permanece para siempre,
cetro de rectitud es tu cetro real. Has amado la justicia
y odiado la impiedad: por eso el Señor tu Dios te ha ungido
con aceite de júbilo entre todos tus compañeros.

**R.** Mira a Jesús, tu rey, hermoso y valiente.

A mirra, áloe y acacia huelen tus vestidos;
desde los palacios de marfiles te deleitan las arpas.
Hijas de reyes salen a tu encuentro,
de pie a tu derecha está la reina enjoyada con oro de Ofir.

**R.** Mira a Jesús, tu rey, hermoso y valiente.

Escucha hija, mira: inclina el oído,
olvida tu pueblo y la casa paterna;
prendado está el rey de tu belleza,
póstrate ante él, que él es tu señor.
La ciudad de Tiro viene con regalos,
los pueblos más ricos buscan tu favor.

**R.** Mira a Jesús, tu rey, hermoso y valiente.

Ya entra la princesa, bellísima, vestida de perlas y brocado;
la llevan ante el rey, con séquito de vírgenes;
la siguen sus compañeras. Las traen
entre alegría y algazara van entrando en el palacio real:
"A cambio de tus padres tendrás hijos,
que nombrarás príncipes por toda la tierra".

**R.** Mira a Jesús, tu rey, hermoso y valiente.

Quiero hacer memorable tu nombre
por generaciones y generaciones,
y los pueblos te alabarán,
por los siglos de los siglos.

**R.** Mira a Jesús, tu rey, hermoso y valiente.


Podemos expresar aquellas frases que nos han calado
más hondo.

## Pistas para la oración

Acampar. Atreverse a vivir la novedad, lo que cambia, lo que tiene disponibilidad para moverse y caminar.

Para este tiempo de oración, te invitamos a reflexionar con estos textos.

¿Cuáles son nuestras seguridades? ¿A qué nos aferramos? ¿Qué puertas somos capaces de abrir para dejar paso a la Palabra que acampa? ¿Somos capaces de salir de nuestra casa, y meternos en su tienda a compartir?

### Juan 1,1-18

El evangelista Juan nos ofrece su visión contemplativa del acontecimiento-**Jesús**. Asciende al corazón eterno de Dios. Abarca el tiempo desde el origen de la creación. Penetra en el designio salvador de Dios, misteriosamente conducido hasta la Encarnación. Reflexiona sobre la dialéctica del reino, tinieblas-luz. Confiesa a Jesús como el enviado, como el mediador, como Dios en persona, en medio de nosotros. Vuelve a adorar **el incomprensible amor de Aquel que se entrega a sí mismo**.

 Isaías 40,3-5; 9-11

Para captar la densidad de lo que está aconteciendo tendríamos que sufrir la necesidad de Salvación y experimentar la opresión hasta no tener otra salida de esperanza más que Dios mismo. Pero ¿cómo desear que se abran los cielos, aparezca el Fuerte y se derritan los montes, si nuestra conversión no pasa de un deseo espiritual de ser mejores? Para conocer el tiempo de la Consolación tendríamos que vivir la angustia de no conocer a Dios.

## Oración final

### Sugerencias para la ambientación

- Podemos colocar algún tipo de pesebre o imagen de la sagrada familia con el Niño recién nacido.

Escuchamos la canción.

### Canto: Abre tu tienda al Señor

Abre tu tienda al Señor, recíbelo dentro,
escucha su voz; abre tu tienda al Señor,
prepara tu fuego que llega el amor.

El Adviento es esperanza, la esperanza salvación;
ya se acerca el Señor, preparemos los caminos,
los caminos del amor, escuchemos su voz.

Que se rompan las cadenas, que se cante libertad,
el Señor nos va a salvar; sanará nuestras heridas,
nuestro miedo y soledad; Él será nuestra paz.

Por la ruta de los pobres va María, va José;
van camino de Belén; en sus ojos mil estrellas,
en su seno, Emanuel; Él será nuestro rey.

CARMELO ERDOZÁIN, "Abre tu tienda al Señor",
en *Nuevos cantos de Adviento y Navidad*,
(casete), Fonográfica Damitor (1986).

María dijo sí. Y también José, asumiendo lo que intuyó
como voluntad de Dios.

Se atrevieron a vivir esa opción, a desprotegerse
y acoger un futuro incierto, pero que sabían estaba
en la mano de Dios Padre.

Dar a luz en un rincón del mundo, sin más ayuda
que su marido, asustado sin duda, pero decidido
a ayudar a llegar al mundo al Hijo que le había sido
encomendado.

No fue fácil ese comienzo. Pero el corazón esponjado
de ambos les ayudó.

Preparamos también nuestro corazón, para ver cómo
podemos ayudar a que ese Niño frágil y especial llegue
a nuestras vidas.

### Gesto

- Para una oración comunitaria, preparamos unos
pequeños ladrillos de cartulina. Cada uno escribe
lo que quiere compartir de lo reflexionado y orado.
Los colocamos alrededor de María, José y Jesús,
como símbolo de nuestra ayuda para construir
su hogar.
El que lo desee, pueda expresarlo en voz alta.

Para finalizar, escuchamos y danzamos la Bendición irlandesa.

### Canto: Que el camino

Que el camino crezca contigo
y que el viento juegue en tu espalda,
que el sol ilumine tu cara,
que la lluvia caiga suave en tus campos,
y hasta volverte a ver,
que Dios te acoja
en el hueco de sus manos.

ROSA ZARAGOZA, "Que el camino",
en *La danza del alma*, (CD, 2008).

## Pistas para el discernimiento

- ¿Qué pasos has ido dando para dejar que la Palabra tenga sitio en tu corazón?

- ¿En qué momentos pones tu vida en juego para acoger la salvación que llega?

- ¿En qué medida la Palabra te está salvando? ¿En qué medida ilumina tu camino de fe?

- ¿Dejo que la Palabra se acerque a mí, en mi vida cotidiana? ¿En qué lo noto?

# Mi proceso espiritual

# Crecer en fraternidad

El reino ha venido por iniciativa del Amor
y quiere transformarlo todo mediante el amor.
El amor se recibe de Dios, pero **no** es pasivo,
sino activo.

El amor es lo más personal, pero **no** se queda
en mi fuero interno, sale de mí y quiere cambiar
mi realidad y la de los demás.

Este amor íntimo, que nace y me es regalado
por **el Amor** con mayúsculas, quiere, necesita,
abrirse al otro.

¿Quién es el otro para mí? Esta es la pregunta
clave que nos debemos hacer para desarrollar
el encuentro con los otros, para crecer en
solidaridad y en la vida fraterna. "La persona
no existe sino hacia los otros, no se conoce sino
gracias a los otros, no se encuentra sino
en los otros" (E. Mounier).

Vamos a dedicar este tiempo de oración,
a poner nuestra mirada en el otro, nuestra
intención, en el otro.

# Oración inicial

### Canto: Amor y más amor

Amor y más amor,
que nunca dice basta. (bis)

Solo el amor de Dios
es lo que se encuentra siempre,
todo lo demás sobra.
Amor y más amor,
que nunca dice basta. (bis)

Hacedlo todo por amor,
nada hagáis por fuerza,
solo el amor queda.
Amor y más amor,
que nunca dice basta. (bis)

Busquemos a Jesús,
que si lo tenemos a él,
entonces lo tendremos todo.
Amor y más amor,
que nunca dice basta. (bis)

Ama a tus hermanos,
y Dios te amará a ti,
Esto quiere el Señor: ama.
Amor y más amor, que nunca dice basta. (4)

AIM KAREM, "Amor y más amor",
en *Descálzate*, (CD), Provincia Vedruna
de Europa, PVE, (2002).

## Proclamación del evangelio de **Lucas 10,25-28**

Se levantó un maestro de la ley, y le dijo para tentarle: "Maestro, ¿qué he de hacer para alcanzar la vida eterna?

Jesús le contestó: "¿Qué está escrito en la Ley? ¿Qué lees en ella?".

Respondió: "Amarás al Señor tu Dios con todo tu corazón, con toda tu alma, con todas tus fuerzas y con toda tu mente; y a tu prójimo como a ti mismo".

Jesús le dijo: "Has respondido correctamente. Haz eso y vivirás".

## ¡Si el otro se convirtiera realmente en mi hermano!

¡Si el otro se convirtiera realmente en mi hermano! ¿No es esta la cuestión que hay que plantearse?

Si el otro se convirtiera realmente en mi hermano, ¿podría yo poner en cuestión la fe que le hace vivir? ¿Podría yo burlarme de una manera u otra de sus creencias?

Si el otro se convirtiera realmente en mi hermano, ¿podría yo hablar de libertad sin vivir el respeto?

Si el otro se convirtiera realmente en mi hermano, ¿podría yo rechazarle con actos de violencia contra su persona o sus bienes?

Si el otro se convirtiera realmente en mi hermano, ¿podría yo permitirme hablar de él negativamente a sus espaldas? ¿Podría yo permitirme destruir incluso hasta su intimidad?

Si el otro se convirtiera realmente en mi hermano,
le podría encontrar en verdad, podríamos hablar
simplemente, incluso sin estar de acuerdo en todo.

Si el otro se convirtiera realmente en mi hermano,
su encuentro me haría crecer;
y estoy seguro de que él también crecería.

Si el otro se convirtiera en mi hermano,
nuestras miradas podrían cruzarse
y una sonrisa verdadera iluminaría nuestros rostros.

Si el otro se convirtiera realmente en mi hermano,
¡qué mundo tan apasionante podríamos construir!

VINCET LANDEL, scj, arzobispo de Rabat


En silencio, nos dejamos inundar por ese amor
desbordante que Dios mismo nos ofrece.

## Pistas para la oración

### El reinado del amor

A algunas personas el autoconocimiento o cierta mística de la nueva era los lleva al narcisismo, a la incapacidad de salir de sí mismos hacia el otro, el prójimo.

En cambio, a otras personas, de gran sensibilidad con los otros, les suele llegar un momento en que necesitan tenerse en cuenta e incluso un cierto distanciamiento de tanto activismo comprometido.

Para unas y para otras, tener en cuenta su proceso personal los podría llevar a ensanchar su pequeño mundo de interioridad y a una entrega amorosa no agobiante ni estridente. "El alma que anda en amor ni cansa, ni se cansa, ni descansa" (san Juan de la Cruz).

El requisito de cualquier camino de transformación, de crecimiento en el amor, es tener experiencias donde el otro haya sido alguien que no te deja indiferente y saca lo mejor de ti.

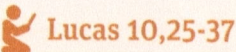 

La vida del reino es praxis de amor. La cuestión no es saber quién es el prójimo para cumplir el deber de amarlo, sino ser prójimo de todo hombre.

El prójimo es cualquier persona, porque se trata de hacerse cercano, próximo a cualquier situación de necesidad.

El samaritano tiene entrañas, pero no se complace en su buen corazón. Actúa.

No actúa en función de lo correcto, conveniente u obligatorio, sino del otro, de su ser persona humana necesitada.

Ama y actúa desinteresadamente. ¿No es acaso el criterio que Jesús estableció para ser del reino, pues es así como nos ama y actúa el Padre de los cielos?

**Lucas 6,27-38**

Este mensaje lo ha revolucionado todo. Amar a mis enemigos. De ahora en adelante, el amor ya no podrá protegerse con razones de sentido común, de prudencia o de orden.

## Mateo 7,12

Esta famosa "regla de oro" existe en el cristianismo
y en casi todas las religiones y humanismos.
¿No te parece impresionante que Jesús le dé rango
de voluntad de Dios?

Intenta desentrañar su sentido.

¿Guía realmente mi conducta, o más bien
mi tendencia habitual está en hacer acepción
de personas, discriminando a unas y a otras
por razones diversas?

## Mateo 25,31-46

Aquel que hace obras de amor, ya está en el reino,
sin saberlo.
Porque Dios es amor y el que permanece en el
amor, compartido y hecho realidad en el hermano,
permanece en Dios.

## Oración final

### Sugerencias para la ambientación

- Preparamos un pequeño lugar con un símbolo que nos sugiera la fraternidad sobre la que hemos estado orando: unas manos cogidas, unos amigos reunidos. Preparamos también unos papeles o cartulinas para escribir.

Amor. Mirada de amor como la tuvo Jesús con todas y cada una de las personas que hubo en su mirada. No es que amara a su familia, a sus amigos, a los más cercanos, como intentamos hacer nosotros. Es que, para él, el prójimo eran todos. Todos formaban parte de esa familia que el Padre le había entregado.

Y eso mismo es lo que nos pide a nosotros: "Ama al prójimo como a ti mismo".

Lo importante no es cuánto nos falta todavía para llegar a eso. Lo que importa es sabernos ya en camino de intentarlo.

### Gesto

- En uno de los papeles de los que disponemos, escribiremos: en un lado los nombres de personas que han significado algo especial para mí, que me han marcado en mi vida. Y en el otro, los nombres de personas por las que hoy quiero pedir especialmente. Me comprometo a acercarme a ellas y dedicarles mi tiempo y atención.

Si la oración es grupal, lo depositamos en torno
a la imagen que preside, mientras oímos la canción.

### Canto: El alma que anda en amor

El alma que anda en amor,
ni cansa, ni se cansa. (bis)

¡Oh! ¡Oh!

El alma que anda en amor,
ni cansa, ni se cansa.

R. LEÓN, "El alma que anda en amor",
en *Armonía y Plegaría*, (CD, vol. 2),
Monte Carmelo (2005).

Podemos terminar rezando el Padrenuestro con
las manos unidas.

## Pistas para el discernimiento

No se trata de hacer un examen moral de conciencia (si amo al prójimo, si me porto bien con los demás...), sino de tomar conciencia del lugar que ocupa el otro en mi vida, de las experiencias vividas de encuentro o desencuentro; o mejor, en qué medida me implico en las relaciones.

1. Mirando al pasado, ¿qué experiencias de relación (interpersonal o de ayuda) me han marcado en la vida en el orden de las relaciones? ¿Cómo cada una de ellas?

2. Mirando al presente, ¿qué personas me afectan, tienen importancia para mí hoy? Con una doble constatación:

   a. Agradecer aquellas relaciones en las que los otros son nuestra posibilidad, en las que nos sentimos que "somos nosotros mismos", con experiencias gozosas de encuentro, intimidad, confianza, compartir.

   b. Ser sincero conmigo mismo para reconocer cuando el otro es piedra de toque por la experiencia contraria: el conflicto, la dificultad. En la desconfianza con el otro salen mis fondos oscuros: falta de autoestima, culpa, agresividad, dependencia... Pero también es la ocasión de madurar en libertad para desarrollar la calidad de mi amor: respeto al otro, situarme en su lugar, capacidad de perdón...

3. Socialmente, ¿cómo miro a las personas en función de su aspecto físico, de su afiliación política o religiosa, o en función de su dignidad de ser? ¿Respeto al que es diferente? ¿Tengo mi corazón abierto al distinto, al que no me cae tan bien?

# Mi proceso espiritual

5

# Padre, he pecado contra ti

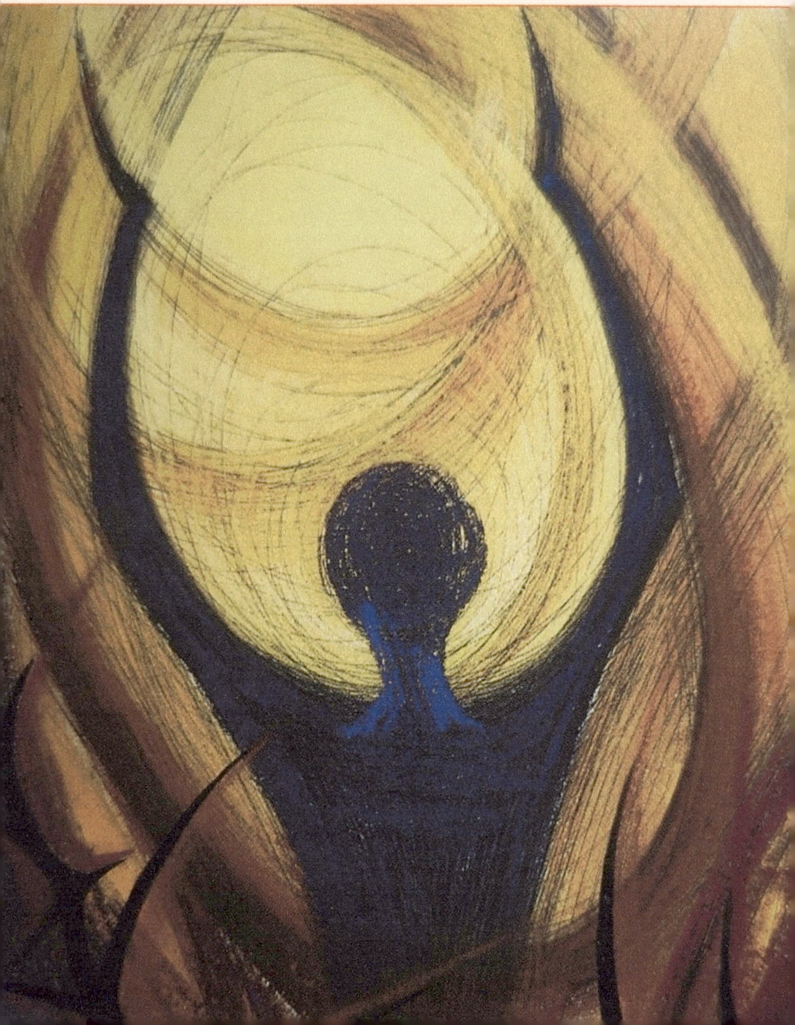

Cuando hacemos un examen de conciencia para poder objetivar el pecado y medirlo, nos estamos defendiendo de él. Cuando ya no sabes lo pecador que eres, comienzas a ver tu verdad.

El pecado no tiene como referente principal los mandatos, la conducta buena o mala, sino la relación con Dios, la historia de su amor a favor nuestro.

## Oración inicial

A compañados la lectura con una música ambiental.

### Lectura del evangelio de Lucas 15

Un hombre tenía dos hijos. El menor dijo al padre:

–Padre, dame la parte de la fortuna que me corresponde.

Él les repartió los bienes. A los pocos días, el hijo menor reunió todo y emigró a un país lejano, donde derrochó su fortuna viviendo como un libertino. Cuando gastó todo, sobrevino una carestía grave en aquel país, y empezó a pasar necesidad.

Fue y se puso al servicio de un hacendado del país, el cual lo envió a sus campos a cuidar cerdos. Deseaba llenarse el estómago de las bellotas que comían los cerdos, pero nadie se las daba. Entonces recapacitando pensó:

–A cuántos jornaleros de mi padre les sobra el pan mientras yo me muero de hambre. Me pondré en camino a casa de mi padre y le diré: He pecado contra Dios y te he ofendido; ya no merezco llamarme hijo tuyo. Trátame como a uno de tus jornaleros.

Y se puso en camino a casa de su padre. Estaba aún distante cuando su padre lo divisó y se enterneció. Corriendo, se le echó al cuello y le besó. El hijo le dijo:

–Padre, he pecado contra Dios y te he ofendido, ya no merezco llamarme hijo tuyo.

### Canto: Padre, vuelvo a ti

Querido Padre, cansado vuelvo a ti,
haz que conozca el don de tu amistad;
vivir por siempre el gozo del perdón,
y en tu presencia, tu fiesta celebrar.

Pongo en tus manos, mis culpas, oh, Señor,
estoy seguro de que eres siempre fiel;
dame la fuerza para poder andar,
buscando en todo hacer tu voluntad.

**Padre, yo busco tu amor,
Padre, vuelvo a ti;
mira que tu hijo soy,
Padre, vuelvo a ti.**

Lo reconozco, a veces olvidé
que eres mi Padre y que a mi lado estás;
que soy tu hijo y me aceptas como soy,
solo me pides: "Vive en sinceridad".

Quiero sentirte cercano a mí, Señor,
oír tu voz que me habla al corazón;
sentirme libre desde tu libertad,
ser signo vivo de la fraternidad.

KAIROI, "Padre, vuelvo a ti",
en *A tu lado*, Señor, PPC (1987).

### Sugerencia

○ Sugerencia: en oración grupal, podemos leer el salmo a dos coros.

## Salmo 130 (129)

Desde lo hondo a ti grito, Señor;
Señor, escucha mi voz;
estén tus oídos atentos
a la voz de mi súplica.

Si llevas cuenta de los delitos, Señor,
¿quién podrá resistir?
Pero de ti procede el perdón,
y así infundes temor.

Mi alma espera en el Señor,
espera en su palabra;
mi alma aguarda al Señor,
más que el centinela la aurora.

Aguarde Israel al Señor,
como el centinela la aurora;
porque del Señor viene la misericordia,
la redención copiosa;
y él redimirá a Israel
de todos sus delitos.


Hacemos eco de aquello que nos ha resonado del
Evangelio y el salmo.

## Pistas para la oración

Se cuenta de san Jerónimo que el día de Navidad se le apareció el Niño Jesús en la cueva de Belén, donde él hacía penitencia.

Le preguntó a Jerónimo:

–¿Qué vas a darme esta noche?

Y Jerónimo iba desgranándole propósitos de entrega uno tras otro: penitencia, vigilias de oración, renuncias de todo tipo...

Jesús le escuchó pacientemente y le dijo:

–No me interesa nada de eso. Jerónimo, dame tus pecados.

Hay que comenzar por pedir la gracia de experimentar el pecado como condición humana sin salida, es decir, la necesidad de ser, literalmente, salvados.

Que Dios sea así produce muchas resistencias:

- Nos deja sin punto de apoyo, sin poder justificar la vida.
- Significa aprender a dejarse querer como un niño.
- Nos cuesta entrar en una conciencia nueva del pecado: no dejar a Dios que sea Dios en nuestro corazón.
- Nos parece libertad arbitraria confiar en su salvación por gracia.

Haz oración con tu resistencia más significativa y poderosa:

- Reconócela sin disculparte.
- Toma conciencia de que no te separa de Dios, confía en su gracia salvadora.
- Entrégasela: también eso le pertenece.

### Gesto

- Puedes aprovechar el tiempo de oración, para escribir en un papel aquellos pecados que hoy quieras poner en manos del Señor, introducirlo en un sobre y cerrarlo, sabiendo que su contenido quedará entre Él y tú.
  El sobre formará parte del gesto de la oración final.
  Si la oración es comunitaria, se preparan sobres para todos los participantes.

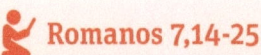
### Romanos 7,14-25

El texto de Pablo nos lleva a las contradicciones que todos vivimos entre el deseo y la realidad, entre el bien y el mal, entre la búsqueda de la voluntad de Dios y nuestra realidad pecadora.

### Lucas 15,1-7

Jesús escandaliza una vez más con una realidad que nos cuesta entender: su cercanía con los pecadores, en lugar de con aquellos que ya cumplen con lo establecido. ¿Hasta qué punto me remueve por dentro?

## Oración final

### Sugerencias para la ambientación

- Preparar una imagen que haga referencia a la parábola del hijo pródigo.
- Acompañar de una música ambiental.

Este tiempo de oración, con el pecado como fondo, como espejo que nos devuelve parte de la realidad que somos y que, generalmente, no queremos ver, nos ha tenido que dejar una cierta sensación de desnudez, de pobreza, de límite..., y también, de alguna forma, la caricia amorosa de un Padre infinito que, a pesar de todo y por encima de todo, nos ama incondicionalmente.

Tan solo nos pide que seamos capaces de abrirle nuestro corazón y entregarle todo, hasta esos fondos oscuros.

Escuchamos en silencio el canto.

## Canto: Padre, he pecado contra el cielo y contra ti

He violado tus leyes y olvidado tus caminos;
me alejé de tu casa tras la sombra de la muerte.

Tu bondad me perdone y me salve tu ternura.
Si me lava, tu gracia, brillaré más que el rocío.

Purifica mis huesos, purifica mis entrañas,
como limpian los mares las arenas de su lecho.

Dame, oh, Dios, inocencia, un espíritu contrito.
Líbrame de mis lazos, de la huella del pecado.

Eres Dios compasivo; hay en ti misericordia.
Cantaré mientras viva la alegría de tu casa.

TOMÁS ARAGÜES, "Padre, he pecado contra el cielo y contra ti", en *Cantos para la nueva liturgia*, vol. 1, Efen Records.

### Gesto

- Si la oración es individual, tras un momento de silencio y de recordar todo lo que hemos metido en el sobre, tomamos conciencia del amor infinito del Padre, que todo lo perdona. Todo y a todos. También a nosotros.
- Podemos quemar ese sobre, como símbolo de purificación, perdón y mirada limpia y nueva.

- Si la oración es comunitaria, el gesto final puede consistir en lo siguiente: cada uno de los presentes hace entrega del sobre con los pecados a la persona que tiene a la derecha, siendo conscientes de la importancia de aquello que estamos depositando en manos de un hermano de fe. Y también de lo importante que es lo que recogemos en nuestras manos: el pecado del hermano.

- Podemos hacer un momento largo de silencio, para tomar conciencia de la importancia de lo realizado, y después, o bien se da la opción de poder quemar el sobre en una pequeña hoguera o se prepara un recipiente con disolvente en el que se ira diluyendo todo lo escrito. Ambos gestos como símbolo de purificación.

Rezamos el "Yo, pecador".

Yo confieso ante Dios Todopoderoso,
y ante vosotros, hermanos,
que he pecado mucho de pensamiento,
palabra, obra y omisión.

Por mi culpa, por mi culpa, por mi gran culpa.

Por eso ruego a Santa María, siempre Virgen,
a los ángeles, a los santos
y a vosotros, hermanos,
que intercedáis por mí
ante Dios, Nuestro Señor.

Amén.

Y para finalizar, escuchamos en silencio el siguiente texto bíblico.

## Proclamación de Lucas 15,22-24

Y el padre dijo a sus criados:

–Enseguida, traed el mejor vestido y vestidlo; ponedle un anillo en el dedo y sandalias en los pies. Traed el ternero cebado y matadlo. Celebremos un banquete. Porque este hijo mío estaba muerto y ha revivido, se había perdido y ha sido encontrado.

Y empezaron la fiesta.

## Pistas para el discernimiento

• ¿Qué fondos de pecado voy intuyendo?

- Mi propio yo, libertad cerrada sobre sí.

- Incapacidad de decir a Dios el *fiat* incondicional de la obediencia.

- Apropiación constante del don de Dios.

- Incapacidad de permanecer en un amor desinteresado.

- Autoafirmación bajo razón de derechos y dignidad personal.

- Tendencia a la acepción de personas.

- Necesidad de controlar la acción de Dios.

- Aceptación crispada del sufrimiento, sin libertad de amor.

- Utilización del prójimo para mi autorrealización.

- Manipulación de Dios en función de expectativas.

# Mi proceso espiritual

La experiencia del mal para todo hombre
y mujer nos lleva, como poco, a la pregunta:
¿por qué a mí? Otras veces llega a conducir
a la desesperación.

Para el cristiano, la única respuesta es mirar
la cruz de Jesús.

Oramos hoy con este tema tan difícil y,
sin embargo, cercano, real e inevitable
en la condición humana.

# Oración inicial

## Salmo 22 (21)

Dios mío, Dios mío, ¿por qué me has abandonado?;
a pesar de mis gritos, mi oración no te alcanza.
Dios mío, de día te grito, y no respondes;
de noche, y no me haces caso;
aunque tú habitas en el santuario, esperanza de Israel.
En ti confiaban nuestros padres; confiaban,
y los ponías a salvo; a ti gritaban,
y quedaban libres, en ti confiaban,
y no los defraudaste.
Pero yo soy un gusano, no un hombre,
vergüenza de la gente, desprecio del pueblo;
al verme se burlan de mí, hacen visajes,
menean la cabeza: "Acudió al Señor,
que lo ponga a salvo; que lo libre si tanto lo quiere".
Tú eres quien me sacó del vientre,
me tenías confiado en los pechos de mi madre;
desde el seno pasé a tus manos,
desde el vientre materno tú eres mi Dios.
No te quedes lejos, que el peligro está cerca
y nadie me socorre. Fuerza mía, ven corriendo
a ayudarme. Líbrame a mí de la espada,
y a mi única vida, de la garra del mastín;
sálvame de las fauces del león; a este pobre,
de los cuernos del búfalo. Contaré tu fama
a mis hermanos, en medio de la asamblea te alabaré.

Gloria al Padre, y al Hijo, y al Espíritu Santo....

## Oración

No te inquietes por las dificultades de la vida,
por sus altibajos, por sus decepciones,
por su porvenir más o menos sombrío.

Quiere lo que Dios quiere. Ofrécele,
en medio de inquietudes y dificultades,
el sacrificio de tu alma sencilla que,
pese a todo, acepta los designios de su providencia.

Poco importa que te consideres un frustrado
si Dios te considera plenamente realizado,
a su gusto.

Piérdete confiado ciegamente en ese Dios
que te quiere para sí. Y que llegará hasta ti,
aunque jamás lo veas. Piensa que estás
en sus manos, tanto más fuertemente cogido,
cuanto más decaído y triste te encuentres.

Vive feliz. Te lo suplico. Vive en paz. Que nada
te altere. Que nada sea capaz de quitarte tu paz.
Ni la fatiga psíquica. Ni tus fallos morales.
Haz que brote, y conserva siempre,
sobre tu rostro, una dulce sonrisa,
reflejo de la que el Señor continuamente te dirige.
Y en el fondo de tu alma coloca, antes que nada,
como fuente de energía y criterio de verdad,
todo aquello que te llene de la paz de Dios.

Recuerda: cuanto te deprima e inquiete es falso.
Te lo aseguro en el nombre de las leyes de la vida

y de las promesas de Dios. Por eso, cuando te sientas apesadumbrado, triste, adora y confía.

TEILHARD DE CHARDIN

Silencio orante con todo aquello que ha ido llegando a nuestro corazón y que nos desborda.

## Pistas para la oración

Es más fácil hablar y escribir del sufrimiento que vivirlo. Los humanos reaccionamos de modo tan distinto... El que decidió, consciente o inconscientemente, no sufrir y Jesús en su pasión redentora vienen a ser los polos opuestos.

El sufrimiento resulta escandaloso, auténtica prueba de la fe, cuando adquiere un carácter global. "¿Por qué, por qué?", pregunta espontánea que no encontrará respuesta, sino de vuelta, después de un proceso de transformación personal. Será esencial pasar por el silencio que no entiende, pero confía.

El sufrimiento no tiene explicación, pero tiene sentido. Su sentido depende de la confianza fundante en el amor fiel de Dios, a pesar de todo.

Consideremos la omnipresencia del mal en distintas formas y niveles: frustración, fracaso, enfermedad, pérdida afectiva, finitud y muerte. Y el pecado, que es el mal por excelencia.

 **Job 23; 19,25-27; 42,2**

Acompañamos el sufrimiento de Job y, como él, no entendemos, luchamos, nos defendemos, debatimos…, pero finalmente reconocemos que el Señor todo lo puede.

 **Marcos 14,32-42**

Leemos despacio ese capítulo sobrecogedor sobre la soledad más honda de Jesús y nuestra propia incapacidad para acompañarle. De su resistencia ante el dolor y la injusticia. Y de cómo, solamente el ponerse en manos del Padre acaba dándole fuerzas para continuar.

 **Marcos 15,21-41**

El pasaje de Marcos nos cuenta la muerte y crucifixión de Jesús. Solo podemos seguir acogiendo, agradecidos, aquello que no entendemos: que el sufrimiento de un hombre acabe dando sentido a nuestra fe.

# Oración final

## Sugerencias para la ambientación

- En caso de oración comunitaria, se puede organizar la lectura del viacrucis, en una iglesia. También puede prepararse un lugar con las 15 estaciones ambientadas con imágenes, dibujos alusivos, o simplemente velas que vayan marcando las paradas.

- En oración personal, prepararse un pequeño altar con un crucifijo o bien unas imágenes referentes a cada estación que nos ayuden a visualizar la escena.

## Pistas para el discernimiento

**Reglas para el vivir bien el sufrimiento**

1. Tú eres más que tu sufrimiento.
2. La libertad comienza por aceptar la realidad.
3. Nada puede ser transformado si primero no es aceptado.
4. Pregúntate: ¿Qué puede enseñarme este sufrimiento?
5. La sabiduría está en confiar, no en controlar la existencia.
6. Dios no explica nada, pero da sentido a todo.
7. Sufrimiento y amor se compaginan.
8. No preguntes, mira al Crucificado y descubrirás el amor.
9. Te llaman a amar en la obediencia que consiente en el sufrimiento.
10. Tu fortaleza está en la paciencia del amor cada día.
11. Lucha contra el mal con todas tus fuerzas, pero no violentes la realidad.
12. Dios saca bien del mal, incluso del pecado.
13. Espera en el cielo y verás cosas mayores.

Dar sentido al sufrimiento y al poder del mal, depende de una transformación que nos lleva a sufrir desde Dios y con Dios (teologalmente).

El sufrimiento es una mediación privilegiada (no la única) para alabar la gloria de la gracia de Dios, revelada en Jesús. Efesios 1 lo expresa admirablemente.

# Mi proceso espiritual

# 7

# La alegría de la Pascua

En el principio no está la fe, sino el acontecimiento que la posibilita.

¡Dad gracias al Señor porque su amor es eterno,
y este es su día, el día en que actuó el Señor! ¡Dios reina! ¡Gritad de alegría, pueblos todos de la tierra!

¡Este es el día en que actuó el Padre:
resucitando a Jesús de entre los muertos
y, sentándolo a su derecha, le dio su reino!

¡Dichosa muerte y dichoso pecado, y más dichosa noche que pudo ver la gloria del Señor,
e infinitamente dichoso sepulcro en que nacimos al amor y la vida para siempre!

Resucitó según las Escrituras. ¿Quién
como nuestro Dios, fiel a su alianza de generación en generación?

Dejamos, en este tiempo de oración, que
el corazón se nos ensanche de gozo y la alegría nos habite por dentro.

# Oración inicial

## Canto: Aleluya, el Señor resucitó

¡Aleluya, aleluya,
aleluya, aleluya,
aleluya, aleluya,
el Señor resucitó! (bis)

El Señor resucitó, cantad con alegría,
demos gracias al Señor, ¡Aleluya! (bis)

**Estribillo.**

BROTES DE OLIVO, "Aleluya, el Señor resucitó",
en *Evangelio según san Juan*, (álbum), (1974).

## Sugerencias para la ambientación

● En oración grupal, recitamos a dos coros.

## Salmo 110 (109)

Eres príncipe desde el día de tu nacimiento,
entre esplendores sagrados.

Oráculo del Señor a mi Señor:
"Siéntate a mi derecha,
y haré de tus enemigos
estrado de tus pies".

Desde Sion extenderá el Señor
el poder de tu cetro:
somete en la batalla a tus enemigos.

"Eres príncipe desde el día de tu nacimiento,
entre esplendores sagrados;
yo mismo te engendré, como rocío,
antes de la aurora".

El Señor lo ha jurado y no se arrepiente:
"Tú eres sacerdote eterno
según el rito de Melquisedec".

El Señor a tu derecha, el día de su ira,
quebrantará a los reyes.
En su camino beberá del torrente,
por eso levantará la cabeza.

Eres príncipe desde el día de tu nacimiento,
entre esplendores sagrados.


Podemos repetir aquella frase que más nos ha llegado.

## Pistas para la oración

Resucitó.

Desde entonces, Jesús es la buena noticia. No hay otro nombre en el cual podamos ser salvados. "Si confiesas con tu boca que Jesús es Señor y crees en tu corazón que Dios le resucitó de entre los muertos, serás salvo".

Todo recobra sentido: nuestra maldita historia de insolidaridad; la sucesión de calamidades humanas; la obcecación de Israel, el sufrimiento, la injusticia, el pecado y la muerte... Sabiduría y fuerza de Dios en la palabra que anuncia a los hombres que ¡Jesús vive!

La Iglesia solo existe para reunir a los hombres en torno a él, el primer nacido de entre los muertos.

Y con él arrastramos la creación entera hasta el día de su venida, pues todas las cosas son nuestras, nosotros de Cristo, y Cristo de Dios.

\* \* \*

Hay otro modo de contemplar la resurrección con sumo pudor: a la luz de la nostalgia del Padre.

¡Con qué entrañas de ternura y fidelidad lo ha estrechado en la cruz, mientras Él mismo moría de amor al no poder ahorrarle ningún sufrimiento!

Ahora, por fin, puede mirarlo cadáver en el sepulcro y abalanzarse sobre él con la urgencia indescriptible de la hora esperada.

Ven aquí, Hijo mío, ven a mis brazos, que ya has cumplido tu misión. Nos queda la fiesta eterna de nuestro amor. Nuestra alegría nadie nos la podrá quitar.

¡Qué mirada de gozo inmenso! ¡Qué abrazo de cielo, para siempre!

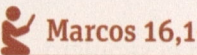

### Marcos 16,1-8

Y ante la muerte..., lo que ellos no habían conseguido entender y a nosotros nos sigue sobrepasando: él no está aquí, ha resucitado. Señor, aumenta mi fe.

### Filipenses 2,6-11

Con todo el cielo y la tierra, también nosotros solo podemos doblar la rodilla y confesar nuestra fe en Cristo Jesús.

### 1 Corintios 15,20-28

Resumen de nuestra esperanza cristiana: por su muerte llegará nuestra resurrección.

## Oración final

### Sugerencias para la ambientación

- Una vela o el cirio pascual. Si la oración es compartida, podemos preparar una candela para cada uno de los participantes.

**Canto: Resucitó**

Resucitó, (3) aleluya.
Aleluya, (3) resucitó.

La muerte, ¿dónde está la muerte?,
¿dónde está mi muerte?,
¿dónde su victoria?

**Estribillo.**

Gracias sean dadas al Padre,
que nos pasó a su reino
donde se vive de amor.

**Estribillo.**

Alegría, alegría hermanos,
que si hoy nos queremos
es que resucitó.

**Estribillo.**

Si con él morimos, con él vivimos,
con él cantamos: "¡Aleluya!".

**Estribillo.**

KIKO ARGUELLO, "Resucitó",
en *Alabanzas cristianas que llegan al alma*,
(CD, vol. 24), Arte Global.

Resucitó.

Y tan solo el intuir la trascendencia de este hecho,
tiene que hacer que nuestro corazón salte de gozo.

Nada ha sido un fracaso. Todo tiene un horizonte de
continuidad, y el reino puede seguir construyéndose
en y con cada uno de nosotros.

Dejamos que esa alegría nos inunde y pedimos
para que seamos capaces de llevarla a nuestra vida
cotidiana, y a todas y cada una de las personas que
tenemos cerca.

### Gesto

- Podemos encender la candela en el cirio pascual, al igual que se hace en la vigilia de Pentecostés o en el sacramento de bautismo, como símbolo de la luz de Cristo en nuestro interior para alumbrarnos y en nuestras manos para poder transmitirla.

- En oración comunitaria, podemos hacer el gesto de encender la candela e ir entregándola a cada uno de los asistentes, hasta que cada uno tengamos la nuestra, como símbolo de esa luz de Cristo compartida.

### Canto: Vive, Jesús, el Señor

Vive, Jesús, el Señor,
vive, Jesús, el Señor. (bis)
Él vive, él vive, él vive,
vive, vive, Jesús, el Señor. (bis)

P. LUCAS CASAERT.
"Vive, Jesús, el Señor".

# Pistas para el discernimiento

## La presencia del Resucitado

Sin acontecimiento no hay fe; pero si la buena noticia solo se refiere al pasado, vana es nuestra fe.

Jesús vive hoy, permanece con nosotros para siempre. Para percibir su presencia:

- Te basta cerrar los ojos y decirle: "Jesús, mi Señor".
- Mirar el rostro de un enfermo o de un hambriento: "Lo que hagáis a uno de estos a mí me lo hacéis".
- Rezar: "Padre nuestro, santificado sea tu nombre".
- Reunirse en comunidad: "Dónde dos o más se reúnan en mi nombre, allí estoy yo, en medio de ellos".
- Sentir la paz en el perdón de los pecados.
- Experimentar que me llama por mi nombre: "El que a vosotros oye, a mí me oye".
- En la eucaristía, en el realismo del pan y del vino, transformados en cuerpo y sangre suyos.
- El gemido de su Espíritu en nuestro corazón, que clama: "Ven, Señor Jesús".

¡Jesús, ayer, hoy y siempre!

# Mi proceso espiritual

# 8

# Discípulos

Ser discípulo, seguir a Jesús... La relación con Jesús solo se aclarará a partir de la experiencia pascual y tras recibir el don del Espíritu Santo.

Ahondamos en la experiencia del discipulado. ¿Somos sus discípulos? ¿Cómo ha sido nuestro recorrido hasta poder decir "mi Señor"?

# Oración inicial

### Canto: Nada es imposible para ti

¿Por qué tengo miedo, si nada es imposible para ti?
¿Por qué tengo tristeza, si nada es imposible para ti?
Nada es imposible para ti.
¿Por qué tengo dudas, si nada es imposible para ti?
Enséñame a amar, porque nada es imposible para ti.
Enséñame a perdonar, porque nada es imposible
para ti. Nada es imposible para ti.
Tú te hiciste hombre, porque nada es imposible para ti.
Tú venciste a la muerte,
porque nada es imposible para ti.
Tú estás entre nosotros,
porque nada es imposible para ti.
Nada es imposible para ti.
¿Por qué tengo miedo, si nada es imposible para ti?
Nada es imposible para ti.

HERMANA GLENDA.
"Nada es imposible para ti",
en *Light of the World/Lumière du Monde*, WYD,
Toronto (Canadá), 2002.

## Proclamación del evangelio de Juan 1,35-42

Al día siguiente, Juan se encontraba de nuevo allí con dos de sus discípulos.

Fijándose en Jesús que pasaba, dice:

–He ahí el Cordero de Dios.

Los dos discípulos le oyeron hablar así y siguieron a Jesús.

Jesús se volvió, y al ver que le seguían les dice:

–¿Qué buscáis?

Ellos le respondieron:

–*Rabbí* (que quiere decir, "maestro"), ¿dónde vives?

Les respondió:

–Venid y lo veréis.

Fueron, pues, vieron dónde vivía y se quedaron con él aquel día. Era más o menos la hora décima.

Andrés, el hermano de Simón Pedro, era uno de los dos que habían oído a Juan y habían seguido a Jesús.

Este se encuentra primeramente con su hermano Simón y le dice:

–Hemos encontrado al Mesías (que quiere decir "Cristo").

Y le llevó donde Jesús. Jesús, fijando su mirada en él, le dijo:

–Tú eres Simón, el hijo de Juan; tú te llamarás Cefas (que quiere decir "piedra").


Hacemos silencio y oración, recordando como fue nuestro primer encuentro con Jesús.

### Canto: Vaso nuevo

Gracias quiero darte por amarme,
gracias quiero darte yo a ti, Señor.
Hoy soy feliz porque te conocí,
gracias por amarme a mí también.

Yo quiero ser, Señor, amado
como el barro en manos del alfarero,
toma mi vida hazla de nuevo,
yo quiero ser un vaso nuevo.

Te conocí y te amé,
te pedí perdón y me escuchaste,
si te ofendí, perdóname, Señor,
pues te amo y nunca te olvidaré.

Yo quiero ser, Señor, amado
como el barro en manos del alfarero,
toma mi vida, hazla de nuevo,
yo quiero ser un vaso nuevo.

MARTÍN VERDE BARAJAS, "Vaso nuevo",
en *Vaso nuevo (canciones carismáticas)*,
Ed. Paulinas, (casete), 1984.

## Pistas para la oración

La relación única entre Jesús y sus discípulos solo se aclarará a partir de la Pascua y el don del Espíritu Santo; pero su presencia, ya desde los comienzos del reino en Galilea, significa que pertenecen esencialmente a la misión de Jesús.

Pedro vivió su proceso, su historia…, que pasó por muchos momentos que son parecidos a los nuestros.

Haz tuyo, interiorizando el texto que es clave para ti en este momento. Intenta describir tu itinerario de relación con Jesús. Tal vez puedan ayudarte los siguientes textos.

**Lucas 5,1-11:** "Apártate de mí".

**Mateo 14,23-36:** "Si eres tú, mándame ir por el agua hacia ti".

**Juan 6,67-71:** "¿A quién vamos a acudir? Tú tienes palabras de vida eterna".

**Marcos 8,31-38:** "Piensas como los hombres, no como Dios".

**Marcos 14,66-71:** "Te lo aseguro, no conozco a este hombre".

**Juan 21,15-17:** "Simón, hijo de Juan, ¿me amas más que estos?".

Si te sientes discípulo, debes orar con el texto elegido, diciendo al final: "Yo también, Señor, como Pedro...".

# Oración final

## Sugerencias para la ambientación

- Para una oración grupal, podemos preparar un retrato de Jesús hombre, mirando de frente. Una luz o una vela. Una red de pescador, o algo que pueda simularla. También unas huellas recortadas en papel o cartulina.

- O buscar una imagen de Jesús pescador junto a Pedro y los discípulos que nos guste.

### Canto: Gracias por tu don

No fuiste tú quien me escogió,
fui yo quien te llamé a ti
para que dieras frutos de verdad,
frutos de gozo y de paz.

Para seguir mis pasos, ven,
renuncia a lo que tienes hoy,
dáselo todo a quien nada probó,
deja tu yo y toma la cruz.

**Señor Jesús, que confías en mí**
**y me envías a ser luz y a ser señal.**
**Gracias por tu don, gracias, Señor.**

Vete y predica con tu acción,
con la palabra y con tu ser
la buena nueva de servicio y paz,
no tengas miedo, te hablaré.
Yo te escogí para ser sal,
para ser luz e iluminar.
Que todos vean a mi Padre en ti,
de los sencillos se hace ver.

**Estribillo.**

No sirve para mi misión
el que comienza a caminar
y aún recuerda aquello que dejó,
pues no podrá servir a dos.
Pon tu confianza en Dios y en mí,
ya que mi gracia bastará.
Serás más fuerte en la debilidad
que yo en tu barro me quedé.

**Estribillo.**

KAIROI, "Gracias por tu don",
en *Hermanos*, Discoteca Pax, (1986).

Como Pedro. Con su amor honesto y su torpeza. Con su pecado y su querer seguirle a pesar de todo.

Pecadores y seguidores. Así podemos sentirnos hoy.

Agradecidos de sabernos en camino, habiendo sido llamados por él.

Y así, una vez más, podemos ratificar esa llamada, ese "sí" que podemos dar, aunque sea en una medida tan pequeña, frente a todo lo que él nos ofrece.

### Lectura del evangelio de Juan 21,15-17

Después de haber comido, preguntó Jesús
a Simón Pedro:
–Simón, hijo de Juan, ¿me amas más que estos?
Respondió él:
–Sí, Señor, tú sabes que te quiero.
Jesús le dijo:
–Apacienta mis corderos.
Volvió a preguntarle por segunda vez:
–Simón, hijo de Juan, ¿me amas?
Respondió él:
–Sí, Señor, tú sabes que te quiero.
Le dijo Jesús:
–Apacienta mis ovejas.
Insistió por tercera vez:
–Simón, hijo de Juan, ¿me quieres?
Se entristeció Pedro de que le preguntase
por tercera vez:
–¿Me quieres?
Y le dijo:
–Señor, tú lo sabes todo; tú sabes que te quiero.
Le dijo Jesús:
–Apacienta mis ovejas.

### Gesto

- En una huella de papel o cartulina, escribimos aquello que, como seguidores, queremos agradecer de nuestra llamada, o aquello en lo que todavía necesitamos la mano de Jesús para poder seguir, para no caer.
- Si la oración es grupal, podemos ir depositando nuestra huella, alrededor del retrato de Jesús, lo cerca o lejos que nos sintamos en este momento.

Finalizamos con una lectura de la oración, de manera lenta y pausada.

## A tiempo y a destiempo

Señor, nuevamente me llamas por mi nombre,
me convocas a tu comunidad
y me invitas a desatar,
para todos mis hermanos y hermanas,
la palabra de vida que siembras,
día a día, en mis entrañas.

Que tu Espíritu me acompañe,
en todo momento y circunstancia,
para que mis labios y mi corazón te anuncien,
con alegría y ternura,
como la buena noticia de la liberación
en este mundo que anhela y busca.

Que con mi palabra y testimonio
salga urgentemente al encuentro
de los que buscan una vida más digna,
de todos los que ansían y necesitan cercanía,
salud y trabajo, justicia y paz,
diálogo y fraternidad, vida...

Que les ofrezca, gratis,
las primicias de tu reino
desde la compañía respetuosa y fiel,
desde la historia y experiencia que tú me has dado,
y desde la memoria de tu vida que convence y llena.

Gracias, Señor, por tu elección y llamada
para anunciarte, hoy, a todos los que tú amas.

F. Ulibarri

# Pistas para el discernimiento

Descubrir a Jesús como Señor se hace a través de un proceso en el que el punto de partida es el hombre Jesús de Nazaret. El camino no es creencia, sino relación. Según se vaya profundizando en esta relación, con el aliento del Espíritu, puede emerger el misterio de su divinidad y, a partir de esto, ya se ha encontrado quien es Jesús.

¿En qué etapa de este proceso te encuentras?

- Puedo decir que Jesús es, para mí, modelo de humanidad.
- Puedo decir que es modelo de vida.
- Puedo decir que es ejemplo de coherencia con la causa de la justicia.
- Puedo decir que Jesús es, para mí, revelación de Dios.
- Puedo sentir un cariño especial por su persona y ponerme a tiro para un encuentro.
- Puede llegar un momento en que este cariño lo viva desde la fe y el señorío de Jesús comienzo a percibirlo de una manera insospechada.
- Puede llegar un momento en que tenga la experiencia de pertenencia. Entonces nacerá la confesión de fe: "Tú eres mi Señor".

¿Te encuentras en proceso de acercamiento a ese don de Jesús?

Si la respuesta es afirmativa, ¿cómo lo vives?

¿Qué aspectos se te van iluminando?

¿Qué ayudas necesitas para profundizar en él?

# Mi proceso espiritual

# 9

## Dios mío, mi Señor

Oramos con un tema nuclear en la vida de todo cristiano: reconocer el encuentro personal con Dios.

¡Dios mío, mi Señor!

Cuando nos dirigimos así a Dios, cuando le hablamos de una manera tan directa, es que se ha producido el encuentro con Él. El don de la fe: ¡la relación viva con el Dios personal!

Para que esto ocurra, para que ese encuentro sea posible, debemos tener bien abierta la conciencia, bien abierto y dispuesto el corazón.

Y cuando ese encuentro se da, cuando de verdad nos encontramos con Él y lo sentimos en nuestro corazón, este encuentro cambia de manera radical nuestra vida.

## Oración inicial

Comenzamos escuchando las primeras estrofas
del Cántico espiritual de san Juan de la Cruz. El alma
herida del amor de Dios comienza a invocar a su
amado, hasta comprender que para encontrarlo no le
bastan gemidos ni intermediarios. Necesita buscarlo
por sí mismo y por ese camino nada podrá detenerlo...

### Canto: Adónde te escondiste

¿Adónde te escondiste,
amado, y me dejaste con gemido?
Como el ciervo huiste,
habiéndome herido;
salí tras ti, clamando, y eras ido.

Pastores, los que fuerdes allá,
por las majadas, al otero,
si por ventura vierdes
aquél que yo más quiero,
decidle que adolezco, peno y muero.

Buscando mis amores,
iré por esos montes y riberas;
ni cogeré las flores,
ni temeré las fieras,
y pasaré los fuertes y fronteras.

AMANCIO PRADA, "Adónde te escondiste",
en *Cántico espiritual.*

Y Dios se hace presente en cada uno de nosotros
cuando quiere, de las mil maneras que tiene
Él de hacerse presente: a veces es en el interior
de la propia conciencia, otras en un acontecimiento
de nuestra vida o del mundo, a veces en el rostro del
otro, en la Palabra, en Jesús reconocido como "Dios
con nosotros".

La relación con Dios, como toda relación, se da en
un proceso que es don y tarea a la vez. Nuestra tarea
consiste simplemente en quitar lo que obstaculiza el
encuentro y ya la vida encuentra su cauce. Pero nos
cuesta dejar que la vida y el amor surjan desde dentro.

Terminamos esta oración inicial reconociendo
lo que nos cuesta, de la manera tan bella como
lo expresa san Agustín.

Oramos despacio, en primera persona, intentando
reconocernos en cada una de sus estrofas.


Tarde te amé,
hermosura tan antigua y tan nueva,
¡tarde te amé!

Tú estabas dentro de mí; yo fuera.
Por fuera te buscaba
y me lanzaba sobre el bien y la belleza creados por ti.

Tú estabas conmigo y yo no estaba contigo ni conmigo.
Me retenían lejos las cosas.
No te veía ni te sentía, ni te echaba de menos.

Mostraste tu resplandor
y pusiste en fuga mi ceguera.

Exhalaste tu perfume
y respiré, y suspiro por ti.

Gusté de ti,
y siento hambre y sed.

Me tocaste,
y me abraso en tu paz.

San Agustín en "Confesiones".

## Pistas para la oración

La vida va por dentro.

En el camino de crecimiento de una fe no infantil sino adulta, de una fe no separada de la vida, sino que posibilita afrontar la realidad, que nos construye como personas y construye reino de Dios, uno de los descubrimientos más liberadores es llegar a esta certeza: la vida va por dentro.

Podemos profundizar este tema en las pistas de discernimiento de esta oración. Ahora nos basta con saber que esta vida interior nada tiene que ver con el intimismo, sino con "la capacidad de vivir todo desde dentro".

Más allá del crecimiento personal, más allá de la integración de lo humano y lo espiritual, o mejor, en el corazón de todo ello, el don de la fe es relación viva con el Dios personal. Y por eso invitamos a orar con el que podríamos llamar "libro de oración de la Biblia": los Salmos.

## Orar con los salmos

Los salmos son esencialmente oración, invocación del hombre a Dios que nos llama desde cada una de las situaciones de nuestra existencia. Todos nuestros gritos humanos, el canto de admiración ante la naturaleza o el amor humano, la angustia ante el sufrimiento o la muerte, los logros o la explotación de la sociedad, la rebeldía ante lo absurdo del mundo o el silencio de Dios, todos esos gritos del hombre, los nuestros, surgen como palabra nuestra que se dirige a Dios.

Y a la vez el salmista escucha, espera la respuesta y la presencia y así esos gritos humanos los encontramos ofrecidos a nuestros labios como Palabra de Dios que se dirige a nosotros.

Para esta oración, puedes escoger alguno de los siguientes salmos de manera intuitiva y dejarte llevar, atento a una frase que te puede tocar o que resuena en ti.

Asocia libremente con ello tus experiencias personales.

Luego ponte a la escucha de lo que el Señor puede querer decirte. Y ábrete por si ahí surge la relación personal con Él.

**Salmo 8.** Si admiro la grandeza del hombre...

**Salmo 13 (12).** Si me siento afligida o afligido...

**Salmo 19 (18).** Si me siento llamada o llamado a hacer la voluntad de Dios...

**Salmo 42 (41).** Si estoy en búsqueda...

## Oración final

### Sugerencias para la ambientación

- Para oración personal, podemos situarnos frente al icono o la imagen frente a la que habitualmente hacemos nuestra oración.

- En oración grupal, buscamos una imagen de un Jesús capaz de tocar el mundo afectivo (Jesús frente a Tomás), un Jesús con sus discípulos o con María Magdalena.

Quizá, como a los salmistas, de nuestro corazón brota en estos momentos un canto de amor y alabanza. Quizá nos desborda todo lo que Él nos ofrece, y tan sólo podemos sentirnos pequeños y sobrecogidos. Quizá todavía no ha llegado el momento de poder decir "Señor mío y Dios mío".

Pero con total seguridad, podemos atisbar el infinito que lleva implícito esa frase.

Vamos a finalizar esta oración, con todo eso que nos sobrepasa, pero que también nos deja el corazón esponjado, y a la escucha de lo que Él quiera seguir diciéndonos.

### Gesto

- De lo orado, recoge alguna resonancia o frase de alguno de los salmos, algo que quizás te cambió el chip o despertó sentimientos especiales con Dios.
- Escoge una de esas resonancias y descríbela brevemente tal como te sale formularla.
- En oración comunitaria se puede expresar en voz alta lo escrito y todos responderemos con la aclamación de Tomás (Jn 20, 28): ¡Señor mío y Dios mío!

### Canto: Mírame, Señor

Mírame, Señor, mírame, mírame, Señor, otra vez;
que tus gestos, tu mirada, tu sonrisa, tu palabra,
llenen mi corazón, ¡mírame, Señor!

Míranos, Señor, míranos, míranos, Señor, otra vez,
que tus gestos, tu mirada, tu sonrisa, tu palabra,
llenen el corazón, ¡míranos, Señor!

Míralos, Señor, míralos, míralos, Señor, otra vez;
que tus gestos, tu mirada, tu sonrisa, tu palabra,
llenen su corazón, ¡míralos, Señor!

I. TOYOS, "Mírame, Señor",
en *Señales*, (CD), Editorial Monte Carmelo.

## Pistas para el discernimiento

Decíamos al principio que, en el camino de una fe personalizadora, uno de los descubrimientos más liberadores es llegar a esta certeza: la vida va por dentro. Y también que esta vida interior nada tiene que ver con el intimismo, sino con "la capacidad de vivir todo desde dentro". ¿Qué queremos decir con esto?

Porque la forma de vivir habitual de los mortales es vivir "de fuera a dentro", es decir, sensibilizándome, reaccionando, tomando postura, actuando... según lo que vivo en el exterior, me sucede, me viene de afuera. Algo inevitable, pero que tiene el peligro de quedarse en una postura meramente reactiva y no llegar a ser libre frente a lo que me acontece. El primer paso de libertad es darse cuenta de que el problema no está en lo que acontece, sino en cómo vivo yo lo que acontece.

Así decimos que la vida va por dentro. Es otra forma de vivir la que formulamos en contrario: "vivir de dentro a fuera", o como hemos definido: la capacidad de vivir todo desde dentro.

Veamos algunas pistas que nos permitan descubrir y desarrollar este modo de vivir.

Podemos hacer el ejercicio de distinguir:

- El qué hago: tareas externas que dependen de mí, que yo controlo.

- El cómo lo hago: cada una de ellas con más o menos responsabilidad, entrega, más o menos conscientemente, con motivaciones, incluso religiosas.

- Y el desde dónde lo hago: actitudes vitales, que nacen de un determinado modo de estar en la vida, con los otros y con Dios.

Cuando se lleva un tiempo observando desde dónde vivo lo que vivo, al hacerse un camino consciente de crecimiento personal, llega un momento en que se tiene la sensación de que el proceso nos lleva. Aún más, hay un desde dónde que nos lo da Dios: la capacidad de vivir teologalmente, bajo su iniciativa, buscando su voluntad y dejándonos conducir por Él.

Por eso hemos dicho que la relación con Dios, como toda relación, es tarea y don, que nuestra tarea consiste en quitar lo que obstaculiza el encuentro ¡y ya la vida encuentra su cauce! El vivir desde dentro, signo de madurez humana y espiritual, conecta con el agua viva que se constituye en surtidor que salta hasta la vida eterna (cf. Jn 4,13; 7,37-39).

Al cabo de cierto tiempo, a posteriori, nos damos cuenta de que se está dando la relación con el Señor. Entonces ya no distinguirás entre tarea y don, porque todo te parecerá gracia suya, que Él sale a tu encuentro.

# Mi proceso espiritual